school - skola	2
travel - resa	5
transport - transport	8
city - stad	10
landscape - landskap	14
restaurant - restaurang	17
supermarket - stormarknad	20
drinks - drycker	22
food - mat	23
farm - bondgård	27
house - hus	31
living room - vardagsrum	33
kitchen - kök	35
bathroom - badrum	38
child's room - barnrum	42
clothing - kläder	44
office - kontor	49
economy - ekonomi	51
occupations - yrken	53
tools - verktyg	56
musical instruments - musikinstrument	57
zoo - zoo	59
sports - sport	62
activities - aktiviteter	63
family - familj	67
body - kropp	68
hospital - sjukhus	72
emergency - nödsituation	76
Earth - Jorden	77
clock - klocka	79
week - vecka	80
year - år	81
shapes - former	83
colours - färger	84
opposites - motsatser	85
numbers - siffror	88
languages - språk	90
who / what / how - vem / vad / hur	91
where - var	92

AF198893

Impressum
Verlag: BABADADA GmbH, Nedderfeld 112 , 22529 Hamburg
Geschäftsführer / Verlagsleitung: Harald Hof
Druck: Books on Demand GmbH, In de Tarpen 42, 22848 Norderstedt

Imprint
Publisher: BABADADA GmbH, Nedderfeld 112 , 22529 Hamburg, Germany
Managing Director / Publishing direction: Harald Hof
Print: Books on Demand GmbH, In de Tarpen 42, 22848 Norderstedt

school
skola

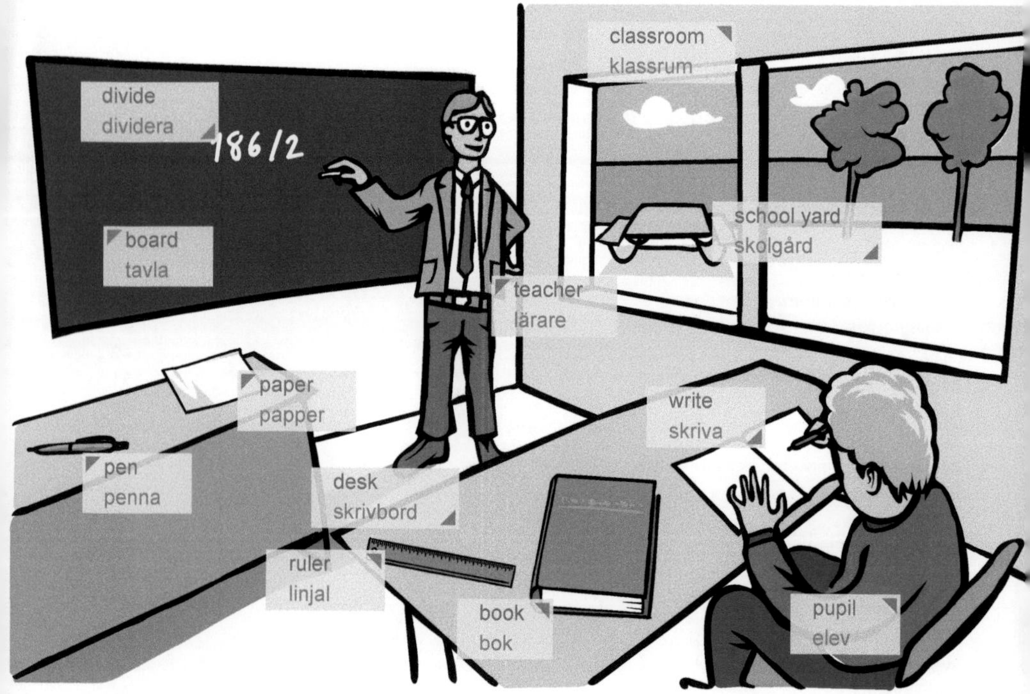
classroom
klassrum
divide
dividera
186/2
board
tavla
school yard
skolgård
teacher
lärare
paper
papper
write
skriva
pen
penna
desk
skrivbord
ruler
linjal
book
bok
pupil
elev

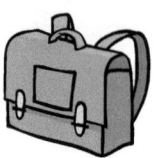

satchel

skolväska

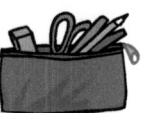

pencil case

pennfodral

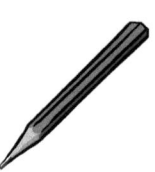

pencil

blyertspenna

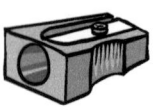

pencil sharpener

pennvässare

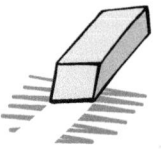

rubber

suddgummi

drawing pad

ritblock

drawing

teckning

paintbrush

pensel

paint box

målarlåda

scissors

sax

glue

lim

exercise book

övningsbok

homework

hemläxa

12

number

tal

2+2

add

addera

5-2

subtract

subtrahera

2×2

multiply

multiplicera

calculate

räkna

A

letter

bokstav

ABCDEFG HIJKLMN OPQRSTU VWXYZ

alphabet

alfabet

hello

word

ord

text
text

read
läsa

chalk
krita

lesson
lektion

register
register

exam
prov

certificate
intyg

school uniform
skoluniform

education
utbildning

encyclopedia
uppslagsverk

university
universitet

microscope
mikroskop

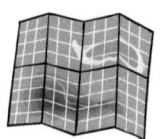

map
karta

waste-paper basket
papperskorg

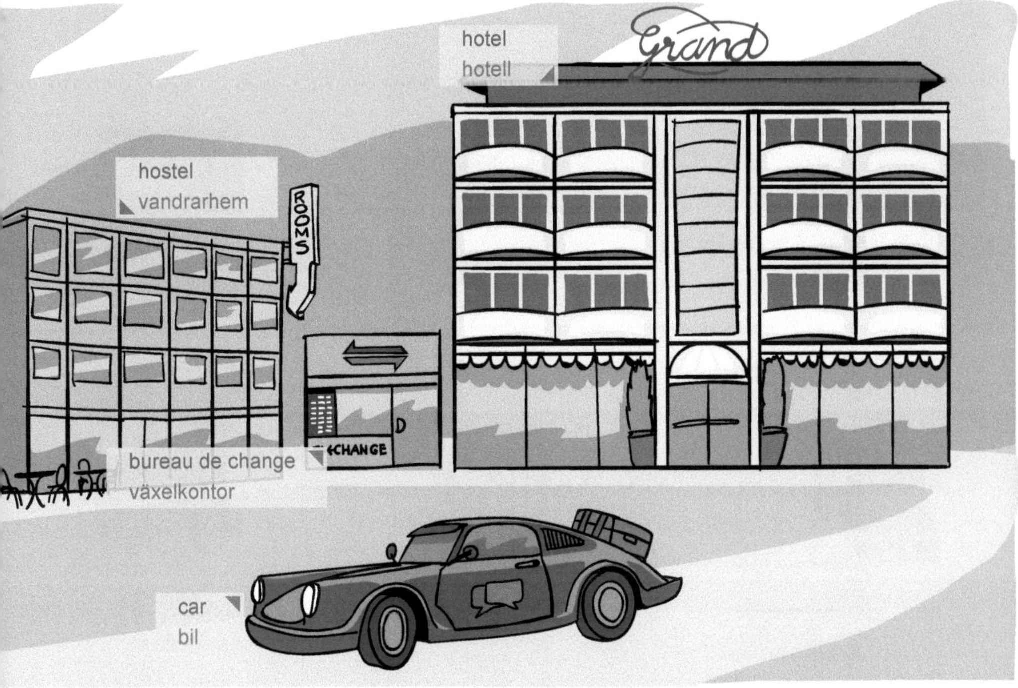

hotel
hotell
Grand
hostel
vandrarhem
ROOMS
bureau de change
växelkontor
CHANGE
car
bil

language

språk

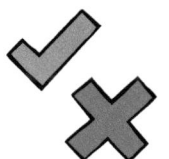

yes / no

ja / nej

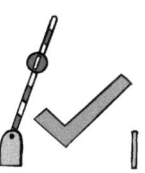

Okay

Okay

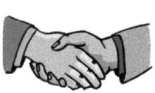

hello

hej

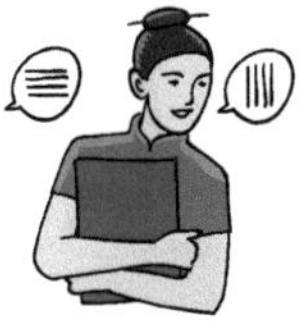

translator

översättare

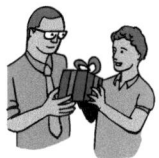

Thank you

Tack

how much is...?

hur mycket kostar...?

I do not understand

jag förstår inte

problem

problem

Good evening!

God kväll!

Good morning!

God morgon!

Good night!

God natt!

bye bye

hejdå

direction

riktning

luggage

bagage

bag

väska

backpack

ryggsäck

guest

gäst

room

rum

sleeping bag

sovsäck

tent

tält

tourist information

turistinformation

beach

strand

credit card

kreditkort

breakfast

frukost

lunch

lunch

dinner

middag

ticket

biljett

lift

hiss

stamp

frimärke

border

gräns

customs

tull

embassy

ambassad

visa

visum

passport

pass

travel - resa

transport
transport

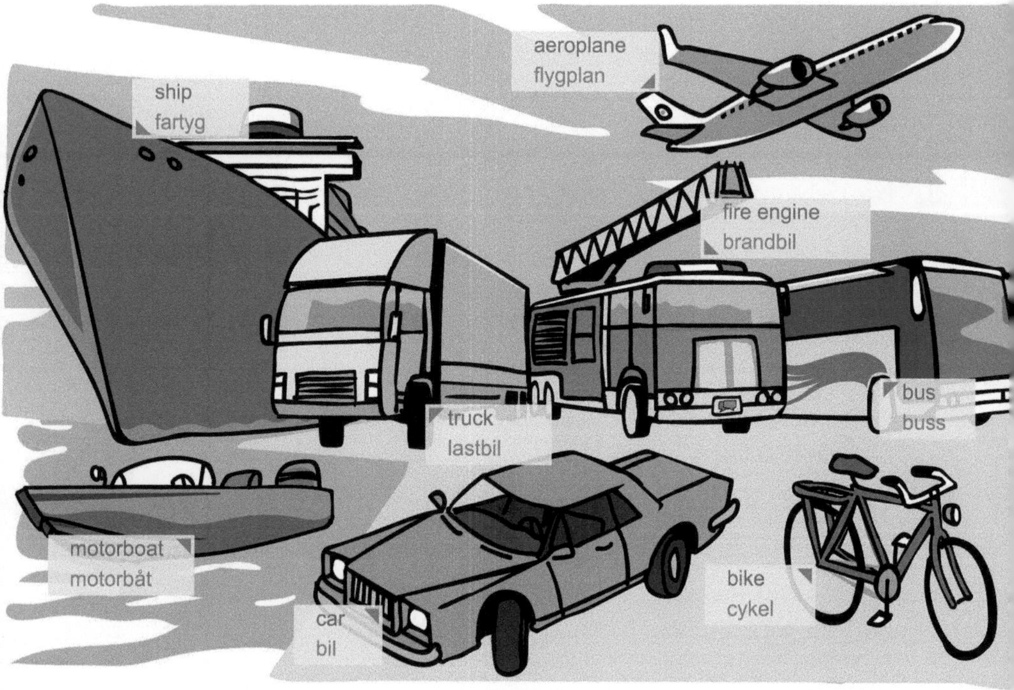

aeroplane
flygplan
ship
fartyg
fire engine
brandbil
bus
buss
truck
lastbil
motorboat
motorbåt
bike
cykel
car
bil

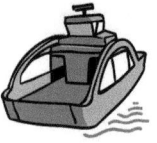

ferry

färja

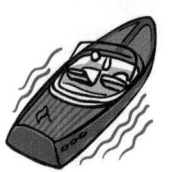

boat

båt

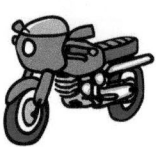

motorbike

motorcykel

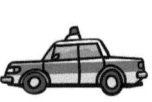

police car

polisbil

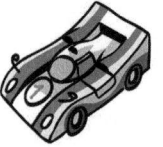

racing car

racerbil

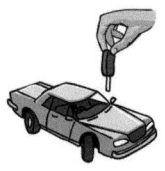

rental car

hyrbil

car sharing

bilpool

breakdown truck

bärgningsbil

refuse truck

sopbil

motor

motor

fuel

bränsle

petrol station

bensinstation

traffic sign

vägmärke

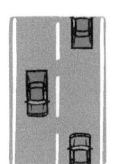

traffic

trafik

traffic jam

bilkö

car park

parkeringsplats

train station

tågstation

tracks

räls

train

tåg

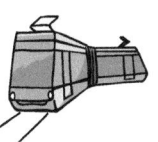

tram

spårvagn

carriage

vagn

transport - transport

helicopter

helikopter

airport

flygplats

tower

torn

passenger

passagerare

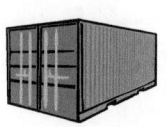

container

container

carton

kartong

cart

vagn

basket

korg

take off / land

starta / landa

city

stad

village

by

city centre

centrum

house

hus

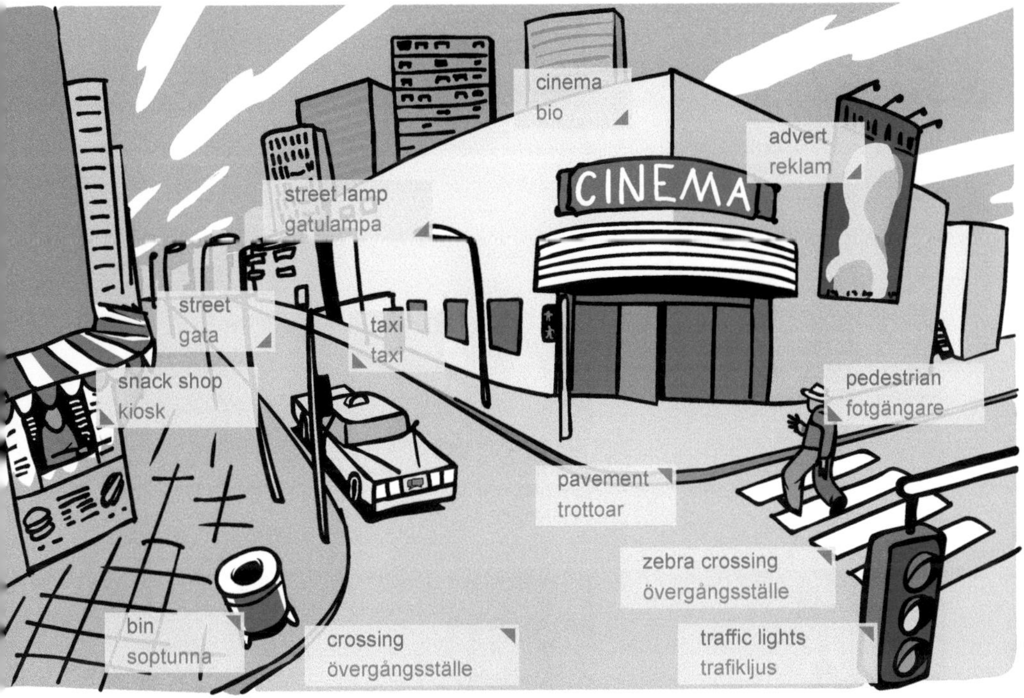

cinema
bio

advert
reklam

street lamp
gatulampa

CINEMA

street
gata

taxi
taxi

snack shop
kiosk

pedestrian
fotgängare

pavement
trottoar

zebra crossing
övergångsställe

bin
soptunna

crossing
övergångsställe

traffic lights
trafikljus

hut

stuga

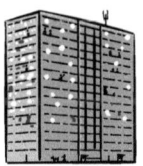

flat

lägenhet

train station

tågstation

town hall

stadshus

museum

museum

school

skola

university

universitet

bank

bank

hospital

sjukhus

hotel

hotell

pharmacy

apotek

office

kontor

book shop

bokhandel

shop

affär

florist's

blomsterbutik

supermarket

stormarknad

market

marknad

department store

varuhus

fishmonger's

fiskhandlare

shopping centre

köpcentrum

harbour

hamn

park
park

bench
bänk

bridge
brygga

stairs
trappa

underground
tunnelbana

tunnel
tunnel

bus stop
busshållplats

bar
bar

restaurant
restaurang

postbox
brevlåda

street sign
gatuskylt

parking meter
parkeringsautomat

zoo
zoo

swimming pool
simbassäng

mosque
moské

farm

bondgård

pollution

förorening

graveyard

kyrkogård

church

kyrka

playground

lekplats

temple

tempel

landscape
landskap

signpost
vägskylt

way
väg

meadow
äng

stone
sten

hiker
liftare

tree
träd

river
flod

grass
gräs

flower
blomma

valley
dal

hill
kulle

lake
sjö

forest
skog

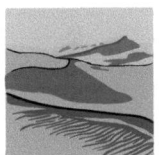

desert
öken

volcano
vulkan

castle
slott

rainbow
regnbåge

mushroom
svamp

palm tree
palm

mosquito
mygga

fly
fluga

ant
myra

bee
bi

spider
spindel

beetle

skalbagge

frog

groda

squirrel

ekorre

hedgehog

igelkott

hare

hare

owl

uggla

bird

fågel

swan

svan

boar

vildsvin

deer

rådjur

moose

älg

dam

damm

wind turbine

vindkraftverk

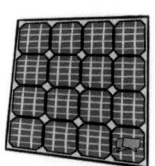

solar panel

solcellspanel

climate

klimat

waiter
servitör

menu
meny

chair
stol

soup
soppa

pizza
pizza

cutlery
bestick

tablecloth
bordsduk

starter
förrätt

main course
huvudrätt

dessert
dessert

drinks
drycker

food
mat

bottle
flaska

fast food

snabbmat

street food

street food

teapot

tekanna

sugar bowl

sockerskål

portion

portion

espresso machine

espressomaskin

high chair

barnstol

bill

räkning

tray

bricka

knife

kniv

fork

gaffel

spoon

sked

teaspoon

tesked

serviette

servett

glass

glas

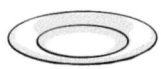

plate

tallrik

soup plate

sopptallrik

saucer

tefat

sauce

sås

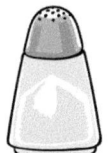

salt pot

saltkar

pepper mill

pepparkvarn

vinegar

vinäger

oil

olja

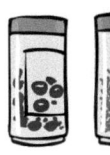

spices

kryddor

ketchup

ketchup

mustard

senap

mayonnaise

majonnäs

supermarket
stormarknad

special offer
specialerbjudande
customer
kund
FOR
dairy
mejeriprodukter
fruit
frukt
trolley
varukorg

BUTCHERS

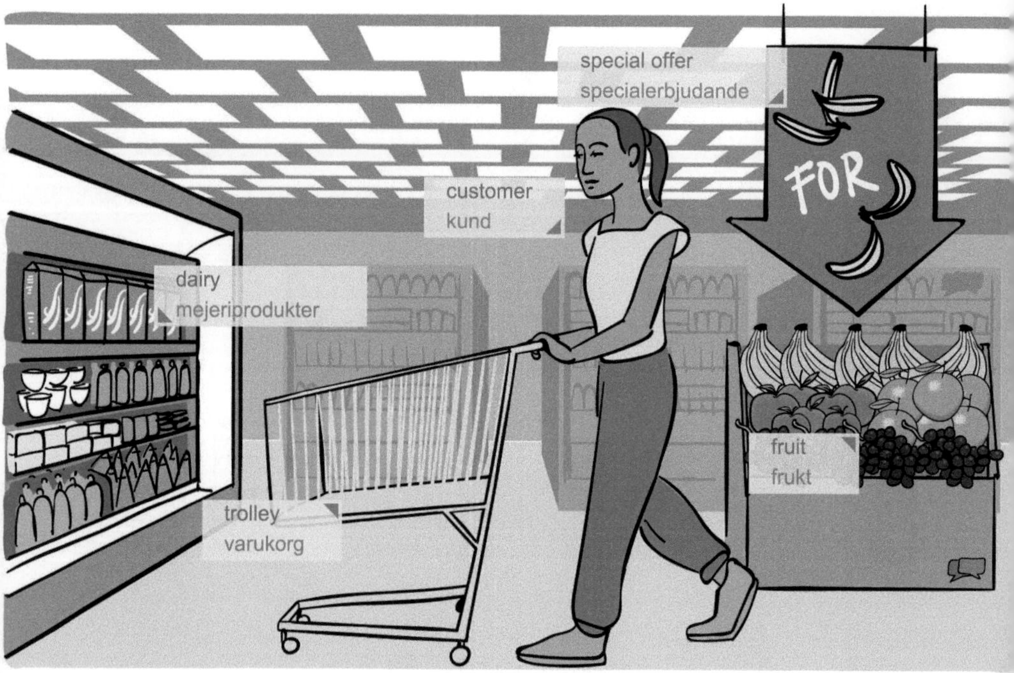

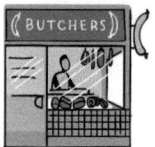

butcher´s

charkuteri

BAKERY

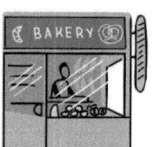

baker´s

bageri

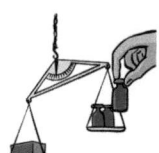

weigh

väga

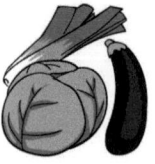

vegetables

grönsaker

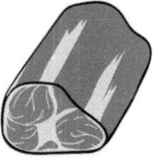

meat

kött

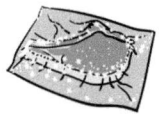

frozen food

frysta livsmedel

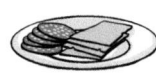

cold meat

pålägg

tinned food

konserver

washing powder

tvättmedel

sweets

godis

household products

hushållsprodukter

cleaning products

rengöringsmedel

salesperson

försäljare

till

kassa

cashier

kassör

shopping list

inköpslista

opening hours

öppettider

wallet

plånbok

credit card

kreditkort

bag

väska

plastic bag

plastpåse

water

vatten

juice

juice

milk

mjölk

coke

cola

wine

vin

beer

öl

alcohol

alkohol

cocoa

kakao

tea

te

coffee

kaffe

espresso

espresso

cappuccino

cappuccino

banana

banan

apple

äpple

orange

apelsin

melon

melon

lemon

citron

carrot

morot

garlic

vitlök

bamboo

bambu

onion

lök

mushroom

svamp

nuts

nötter

noodles

nudlar

spaghetti

spaghetti

rice

ris

salad

sallad

chips

pommes frites

fried potatoes

stekt potatis

pizza

pizza

hamburger

hamburgare

sandwich

smörgås

cutlet

schnitzel

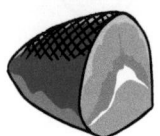

ham

skinka

salami

salami

sausage

korv

chicken

kyckling

roast

stek

fish

fisk

porridge oats

havregryn

muesli

müsli

cornflakes

cornflakes

flour

mjöl

croissant

croissant

bread roll

fralla

bread

bröd

toast

rostat bröd

biscuits

kex

butter

smör

curd

kvarg

cake

kaka

egg

ägg

fried egg

stekt ägg

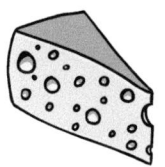

cheese

ost

ice cream

glass

sugar

socker

honey

honung

jam

sylt

chocolate spread

nougatkräm

curry

curry

food - mat

goat	cow	calf
get	ko	kalv

pig	piglet	bull
gris	griskulting	tjur

goose

gås

duck

anka

chick

kyckling

hen

höna

cock

tupp

rat

råtta

cat

katt

mouse

mus

ox

oxe

dog

hund

doghouse

hundkoja

garden hose

trädgårdsslang

watering can

vattenkanna

scythe

lie

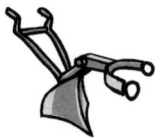

plough

plog

sickle

skära

hoe

hacka

pitchfork

högaffel

axe

yxa

wheelbarrow

skottkärra

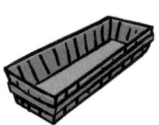

trough

tråg

milk can

mjölkflaska

sack

säck

fence

staket

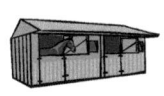

stable

stall

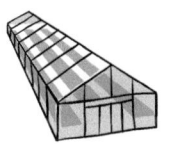

greenhouse

växthus

soil

jord

seed

säd

fertilizer

gödsel

combine harvester

skördetröska

harvest

skörda

harvest

skörd

yams

jams

wheat

vete

soy

soja

potato

potatis

corn

majs

rapeseed

raps

fruit tree

fruktträd

cassava

maniok

cereals

spannmål

house

hus

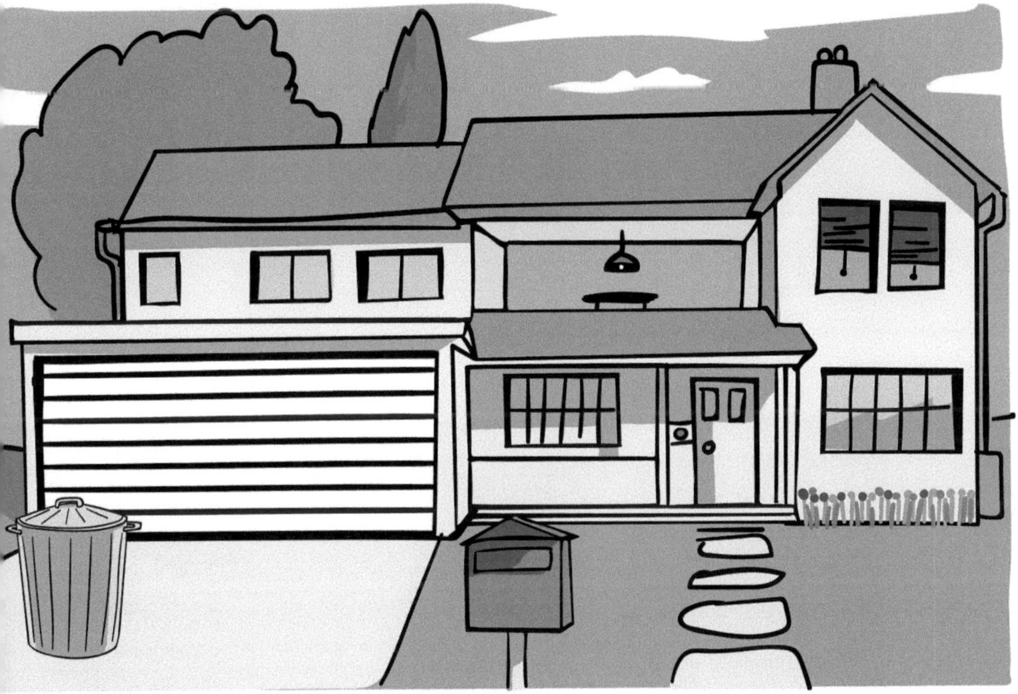

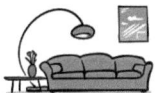

living room

vardagsrum

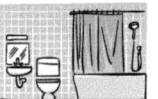

bathroom

badrum

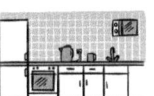

kitchen

kök

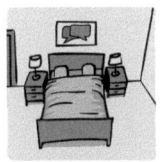

bedroom

sovrum

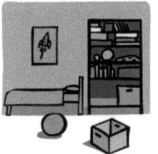

child's room

barnrum

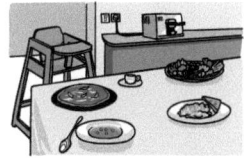

dining room

matsal

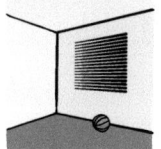

floor
golv

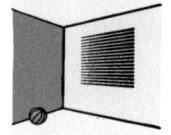

wall
vägg

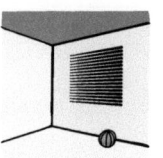

ceiling
tak

cellar
källare

sauna
bastu

balcony
balkong

terrace
terrass

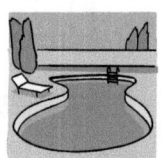

pool
bassäng

lawn mower
gräsklippare

sheet
lakan

bedspread
överkast

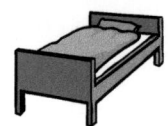

bed
säng

broom
kvast

bucket
hink

switch
strömbrytare

living room
vardagsrum

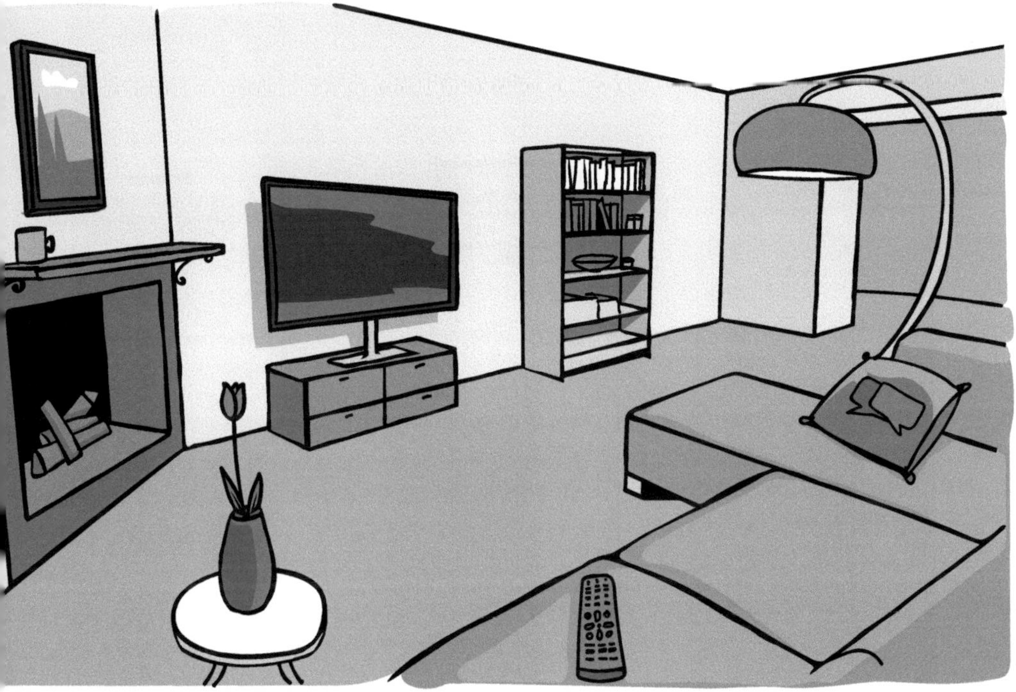

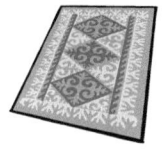

carpet
matta

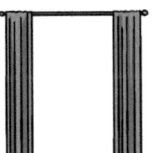

curtain
gardin

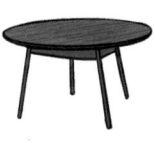

table
bord

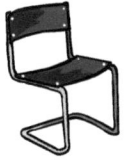

chair
stol

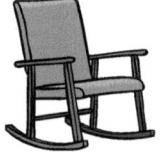

rocking chair
gungstol

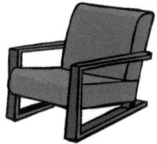

armchair
fåtölj

book

bok

blanket

filt

decoration

dekoration

firewood

vedträ

film

film

hi-fi equipment

stereoanläggning

key

nyckel

newspaper

dagstidning

painting

målning

poster

poster

radio

radio

notepad

anteckningsbok

hoover

dammsugare

cactus

kaktus

candle

stearinljus

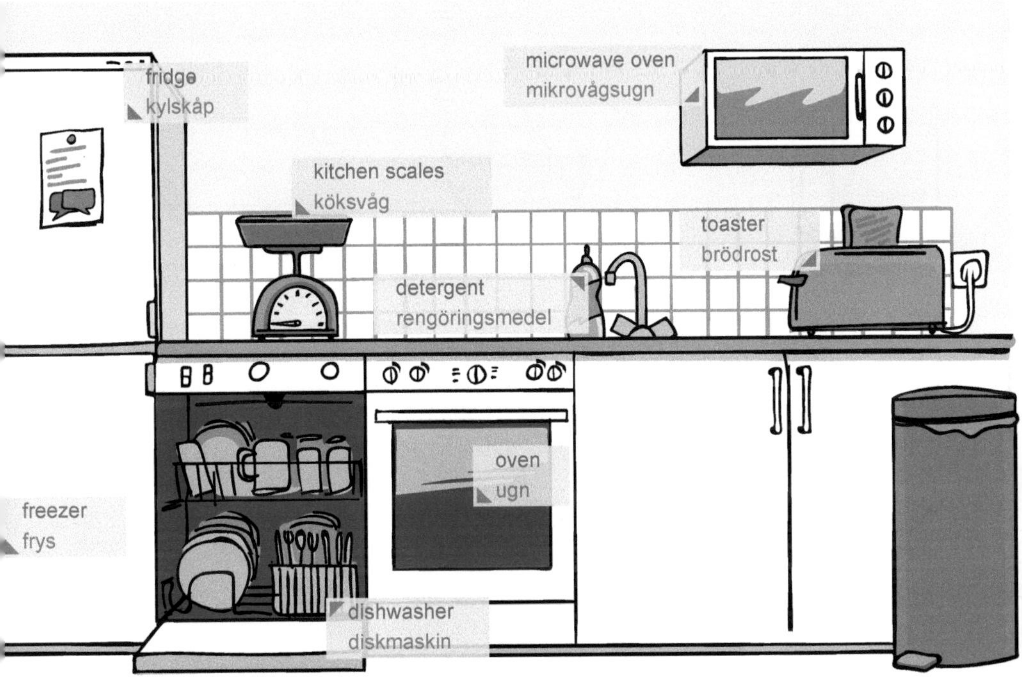

fridge
kylskåp

microwave oven
mikrovågsugn

kitchen scales
köksvåg

toaster
brödrost

detergent
rengöringsmedel

oven
ugn

freezer
frys

dishwasher
diskmaskin

cooker

spis

pot

kastrull

cast-iron pot

järngryta

wok / kadai

wok / kadai

pan

stekpanna

kettle

vattenkokare

steamer

ångkokare

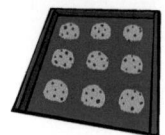

baking tray

bakplåt

crockery

porslin

mug

mugg

bowl

skål

chopsticks

ätpinnar

ladle

soppslev

spatula

stekspade

whisk

visp

strainer

durkslag

sieve

sil

grater

rivjärn

mortar

mortel

barbecue

grill

open fire

brasa

chopping board

skärbräda

rolling pin

kavel

corkscrew

korkskruv

can

burk

can opener

burköppnare

pot holder

grytlapp

sink

vask

brush

borste

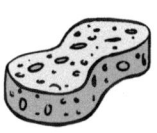

sponge

svamp

blender

mixer

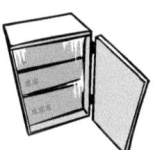

deep freezer

frys

baby bottle

nappflaska

tap

kran

bathroom

badrum

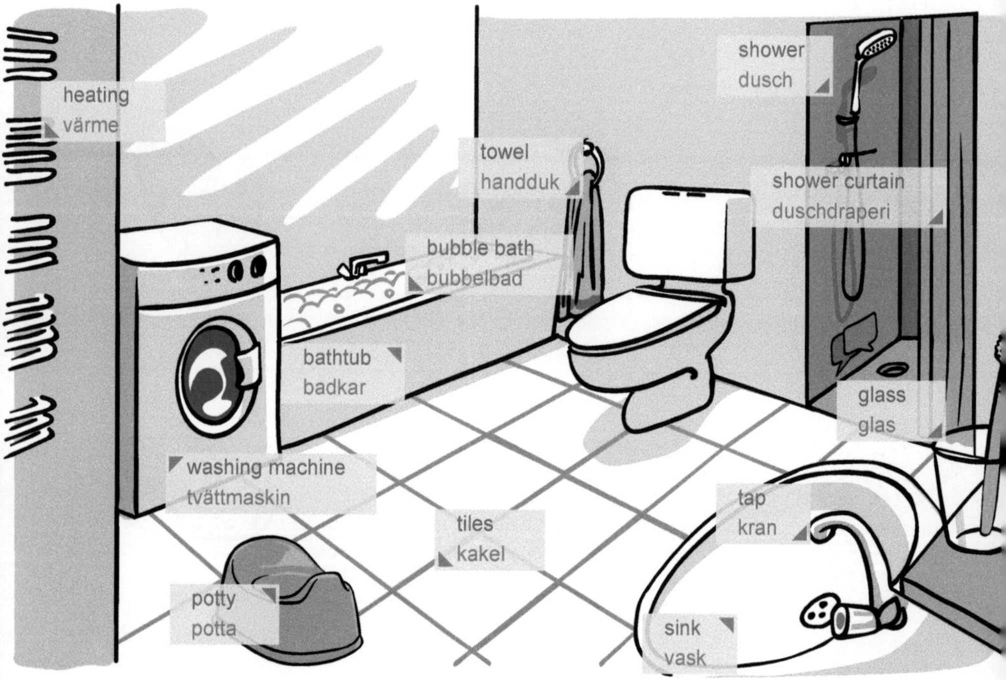

heating
värme
towel
handduk
shower
dusch
shower curtain
duschdraperi
bubble bath
bubbelbad
bathtub
badkar
glass
glas
washing machine
tvättmaskin
tap
kran
tiles
kakel
potty
potta
sink
vask

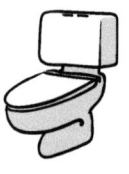

toilet

toalett

squat toilet

låg toalett

bidet

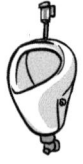

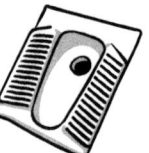

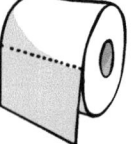

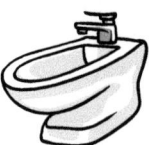

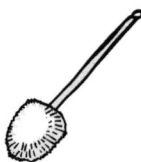

bidet

urinal

pissoar

toilet paper

toalettpapper

toilet brush

toalettborste

toothbrush

tandborste

toothpaste

tandkräm

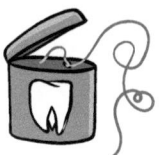

dental floss

tandtråd

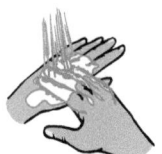

wash

tvätta

handheld shower

handdusch

douche

intimdusch

basin

handfat

back brush

ryggborste

soap

tvål

shower gel

duschgel

shampoo

schampo

flannel

trasa

drain

avlopp

cream

crème

deodorant

deodorant

mirror

spegel

hand mirror

handspegel

razor

rakhyvel

shaving foam

raklödder

aftershave

rakvatten

comb

kam

brush

borste

hair dryer

hårtork

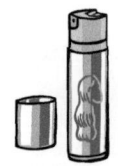

hairspray

hårspray

makeup

smink

lipstick

läppstift

nail varnish

nagellack

cotton wool

bomullsvadd

nail scissors

nagelsax

perfume

parfym

washbag

necessär

stool

pall

weighing scale

våg

bathrobe

badrock

rubber gloves

gummihandskar

tampon

tampong

sanitary towel

binda

chemical toilet

kemisk toalett

child's room

barnrum

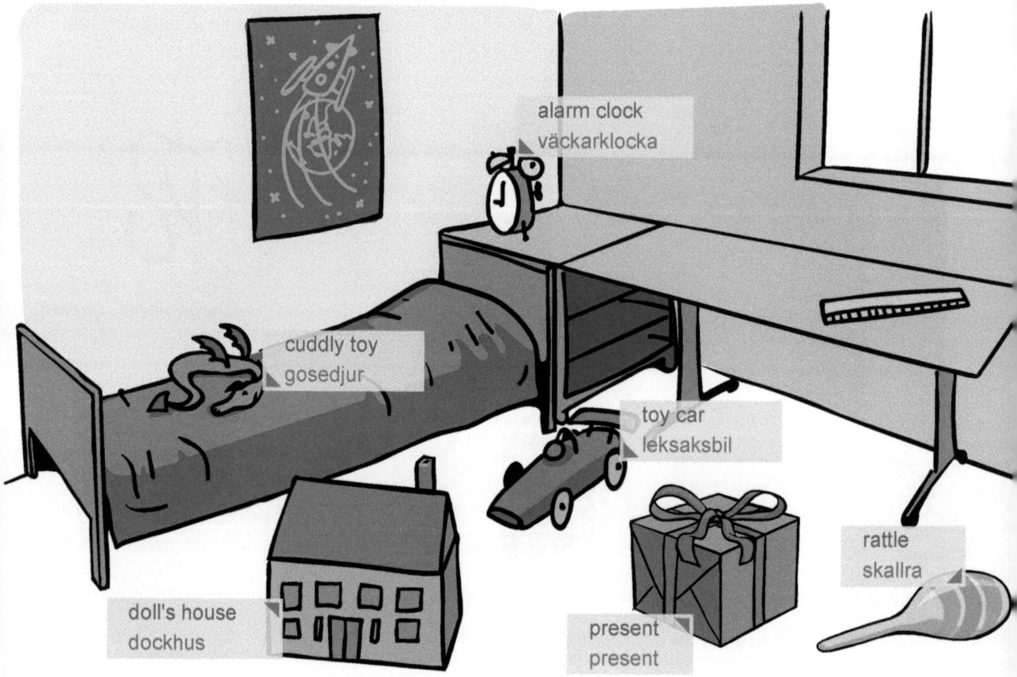

alarm clock
väckarklocka
cuddly toy
gosedjur
toy car
leksaksbil
rattle
skallra
doll's house
dockhus
present
present

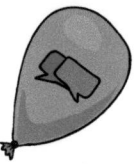

balloon

ballong

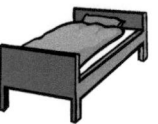

bed

säng

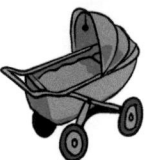

pram

barnvagn

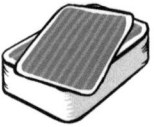

deck of cards

kortlek

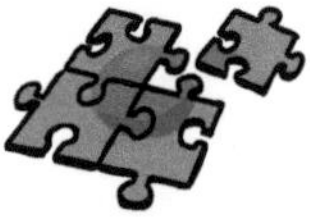

jigsaw

pussel

SUPER
MEGA

comic

serietidning

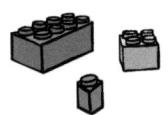

lego bricks

legobitar

building blocks

klossar

action figure

actionfigur

babygrow

sparkdräkt

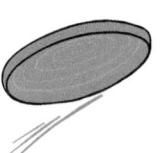

frisbee

frisbee

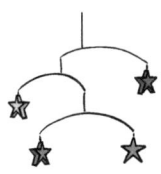

mobile

mobil

board game

brädspel

dice

tärning

model train set

modelljärnväg

dummy

napp

party

party

picture book

bilderbok

ball

boll

doll

docka

play

spela

sandpit

sandlåda

swing

gunga

toys

leksaker

video game console

spelkonsol

tricycle

trehjuling

teddy bear

nalle

wardrobe

garderob

clothing
kläder

socks

sockar

stockings

strumpor

tights

tights

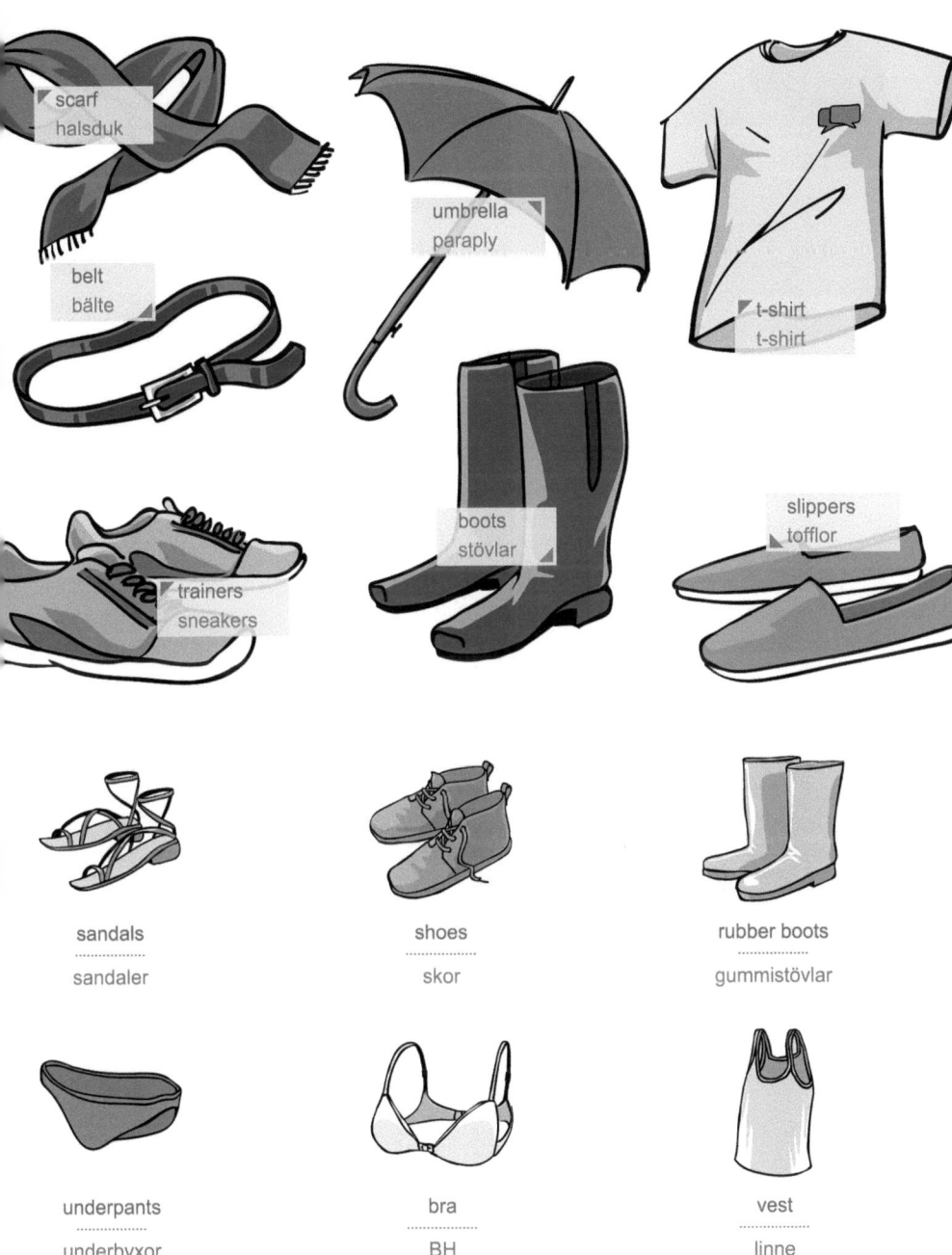

scarf
halsduk

belt
bälte

umbrella
paraply

t-shirt
t-shirt

boots
stövlar

slippers
tofflor

trainers
sneakers

sandals
sandaler

shoes
skor

rubber boots
gummistövlar

underpants
underbyxor

bra
BH

vest
linne

clothing - kläder

body

body

trousers

byxor

jeans

jeans

skirt

kjol

blouse

blus

shirt

skjorta

pullover

pullover

hoodie

sweater

blazer

blazer

jacket

jacka

coat

kappa

raincoat

regnjacka

costume

dräkt

dress

klänning

wedding dress

bröllopsklänning

suit
kostym

nightgown
nattlinne

pyjamas
pyjamas

sari
sari

headscarf
slöja

turban
turban

burqa
burka

kaftan
kaftan

abaya
abaya

swimsuit
baddräkt

trunks
badbyxor

shorts
shorts

tracksuit
träningsoverall

apron
förkläde

gloves
handskar

button

knapp

glasses

glasögon

bracelet

armband

necklace

halsband

ring

ring

earring

örhänge

cap

mössa

coat hanger

galge

hat

hatt

tie

slips

zip

dragkedja

helmet

hjälm

braces

hängslen

school uniform

skoluniform

uniform

uniform

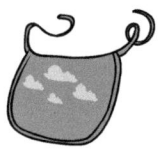

bib

haklapp

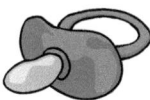

dummy

napp

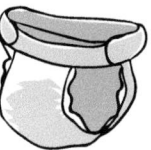

nappy

blöja

office
kontor

server
server
filing cabinet
dokumentskåp
paper
papper
printer
skrivare
monitor
bildskärm
mouse
mus
desk
skrivbord
folder
mapp
keyboard
tangentbord
waste-paper basket
papperskorg
computer
dator
chair
stol

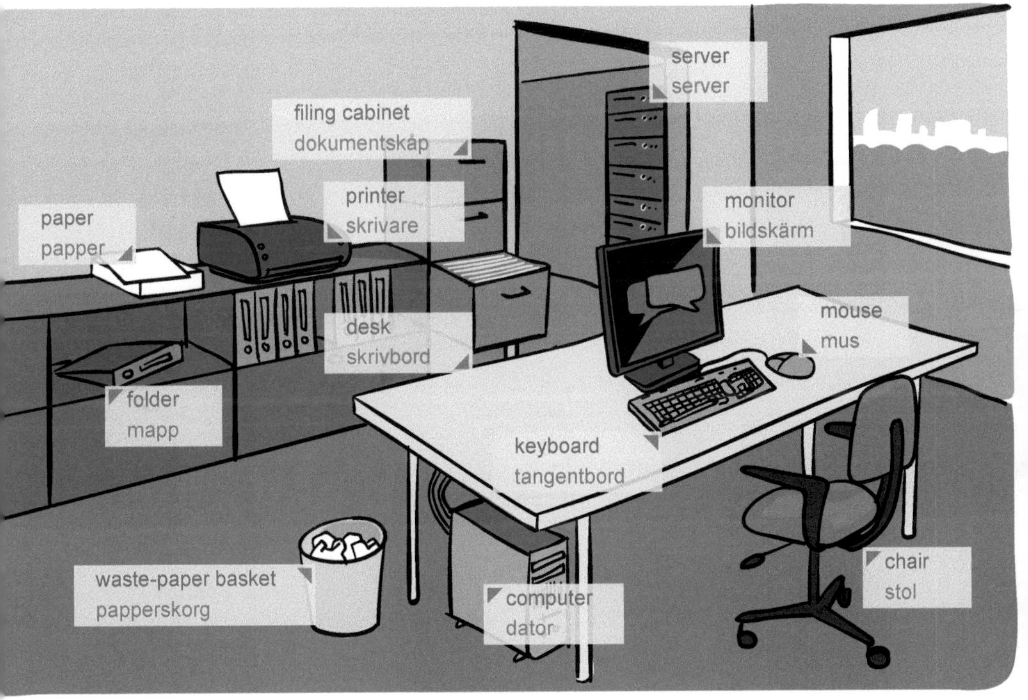

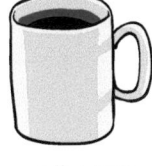

coffee mug

kaffemugg

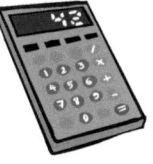

calculator

miniräknare

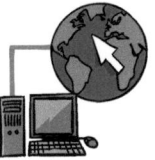

internet

internet

laptop

bärbar dator

letter

brev

message

meddelande

mobile

mobiltelefon

network

nätverk

photocopier

kopieringsapparat

software

programvara

telephone

telefon

plug socket

vägguttag

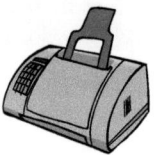

fax machine

fax

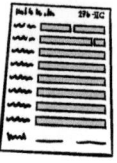

form

blankett

document

dokument

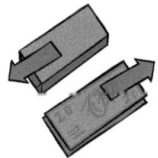

buy

köpa

pay

betala

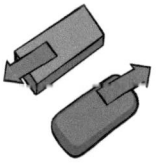

trade

handla

money

pengar

USD

dollar

dollar

EUR

euro

euro

JPY

yen

yen

RUB

rouble

rubel

CHF

Swiss franc

schweizisk franc

CNY

renminbi yuan

renminbi yan

INR

rupee

rupie

cashpoint

bankomat

bureau de change

växelkontor

gold

guld

silver

silver

oil

olja

energy

energi

price

pris

contract

kontrakt

tax

skatt

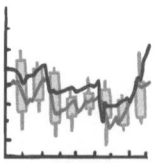

stock

aktie

work

arbeta

employee

anställd

employer

arbetsgivare

factory

fabrik

shop

affär

economy - ekonomi

occupations
yrken

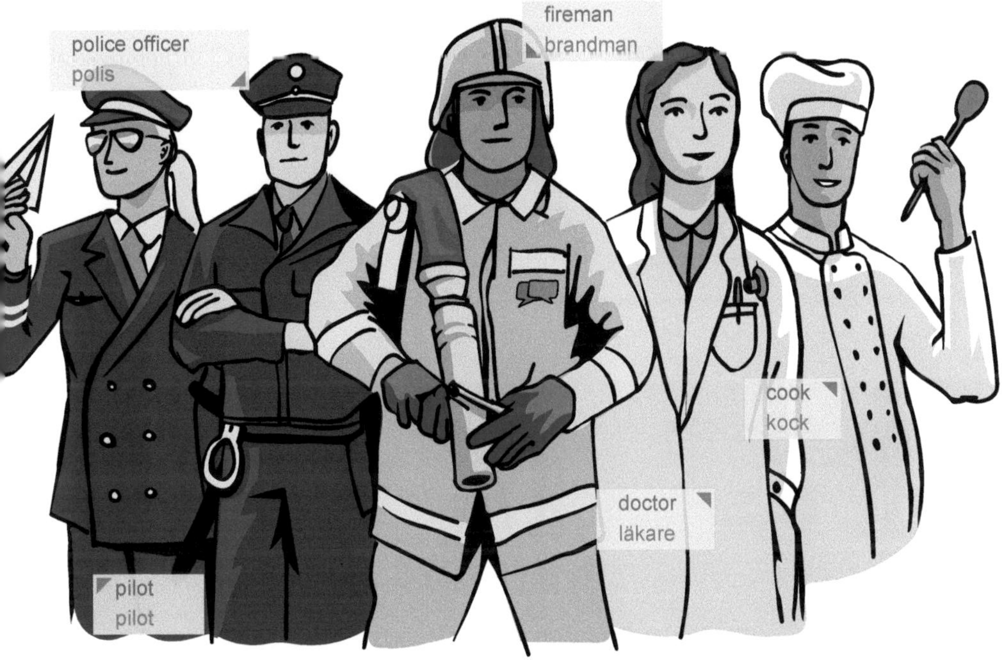
fireman
brandman
police officer
polis
cook
kock
doctor
läkare
pilot
pilot

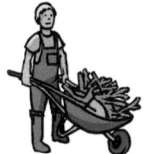

gardener

trädgårdsmästare

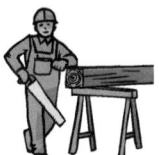

carpenter

snickare

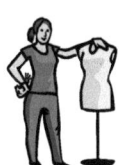

seamstress

sömmerska

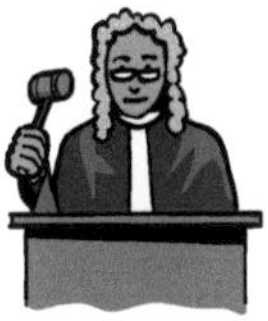

judge

domare

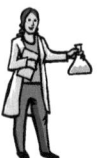

chemist

kemist

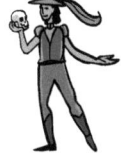

actor

skådespelare

bus driver

busschaufför

taxi driver

taxichaufför

fisherman

fiskare

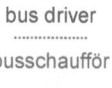

cleaning lady

städerska

roofer

takläggare

waiter

servitör

hunter

jägare

painter

målare

baker

bagare

electrician

elektriker

builder

byggarbetare

engineer

ingenjör

butcher

slaktare

plumber

rörmokare

postman

brevbärare

soldier

soldat

architect

arkitekt

cashier

kassör

florist

florist

hairdresser

frisör

conductor

konduktör

mechanic

mekaniker

captain

kapten

dentist

tandläkare

scientist

vetenskapsman

rabbi

rabbin

imam

imam

monk

munk

clergyman

präst

occupations - yrken

tools
verktyg

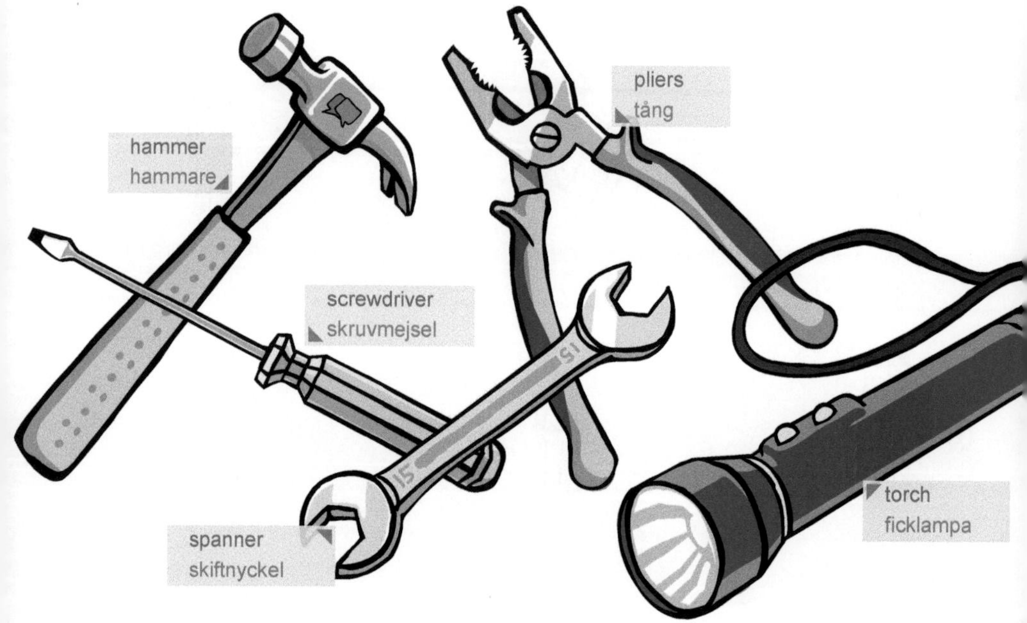
hammer
hammare
pliers
tång
screwdriver
skruvmejsel
spanner
skiftnyckel
torch
ficklampa

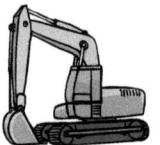

digger

grävmaskin

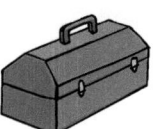

toolbox

verktygslåda

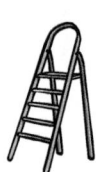

ladder

stege

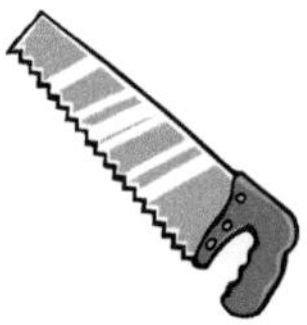

saw

såg

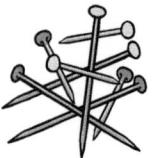

nails

spik

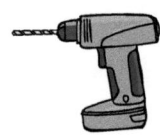

drill

borr

repair

reparera

shovel

spade

Damn!

Helvete!

dustpan

sopskyffel

paint pot

färgburk

screws

skruvar

musical instruments
musikinstrument

loudspeaker
högtalare

drum kit
trummor

guitar
gitarr

double bass
kontrabas

trumpet
trumpet

piano
....
piano

violin
....
violin

bass
....
bas

timpani
....
timpani

drums
....
trumma

keyboard
....
keyboard

saxophone
....
saxofon

flute
....
flöjt

microphone
....
mikrofon

entrance
ingång

tiger
tiger

cage
bur

zebra
zebra

animal feed
djurfoder

panda
panda

animals
djur

elephant
elefant

kangaroo
känguru

rhino
noshörning

gorilla
gorilla

bear
björn

camel
kamel

ostrich
struts

lion
lejon

monkey
apa

flamingo
flamingo

parrot
papegoja

polar bear
isbjörn

penguin
pingvin

shark
haj

peacock
påfågel

snake
orm

crocodile
krokodil

zookeeper
djurskötare

seal
säl

jaguar
jaguar

pony
ponny

leopard
leopard

hippo
flodhäst

giraffe
giraff

eagle
örn

boar
vildsvin

fish
fisk

turtle
sköldpadda

walrus
valross

fox
räv

gazelle
gazell

American football
amerikansk fotboll

cycling
cykling

tennis
tennis

basketball
basket

swimming
simning

ice hockey
ishockey

boxing
boxning

football
fotboll

badminton
badminton

athletics
friidrott

handball
handboll

skiing
skidåkning

polo
polo

jump
hoppa

laugh
skratta

hug
krama

walk
gå

sing
sjunga

dream
drömma

pray
be

kiss
kyssa

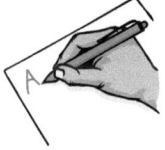

write
skriva

draw
rita

show
visa

push
skjuta

give
ge

take
ta

have

hagel

do

göra

be

vara

stand

stå

run

springa

pull

dra

throw

kasta

fall

falla

lie

ligga

wait

vänta

carry

bära

sit

sitta

get dressed

klä på

sleep

sova

wake up

vakna

activities - aktiviteter

look at

se på

cry

gråta

stroke

smeka

comb

kamma

talk

prata

understand

förstå

ask

fråga

listen

höra

drink

dricka

eat

äta

tidy up

städa

love

älska

cook

laga mat

drive

köra

fly

flyga

activities - aktiviteter

sail
segla

calculate
räkna

read
läsa

learn
lära sig

work
arbeta

marry
gifta sig

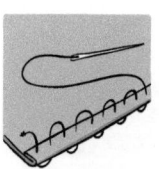

sew
sy

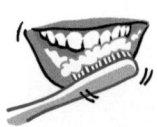

brush teeth
borsta tänderna

kill
döda

smoke
röka

send
skicka

family
familj

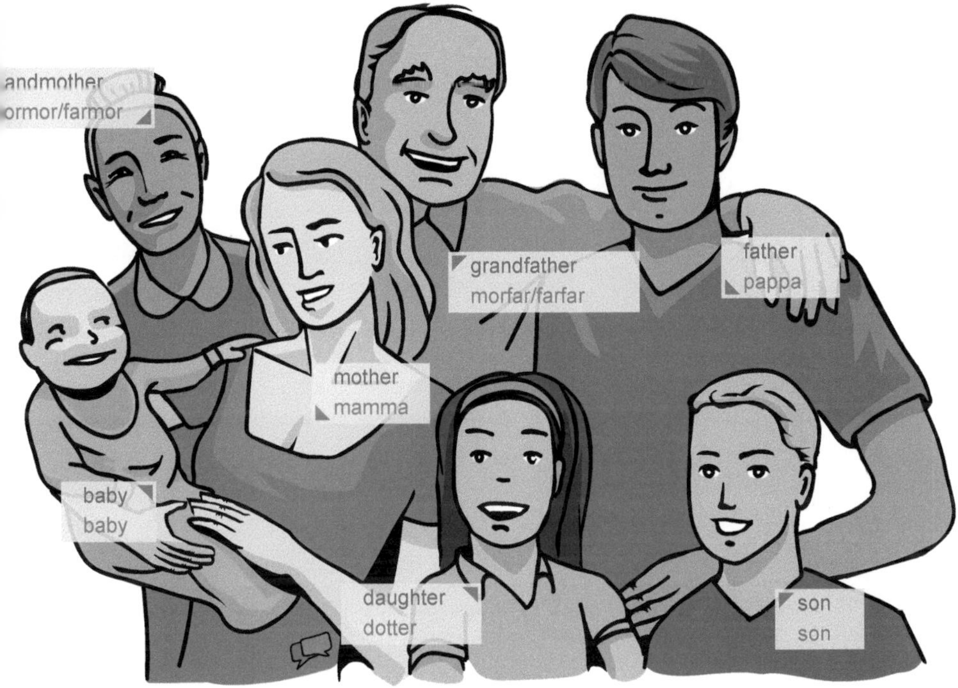

andmother
ormor/farmor
grandfather
morfar/farfar
father
pappa
mother
mamma
baby
baby
daughter
dotter
son
son

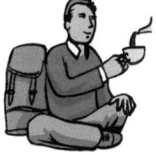

guest

gäst

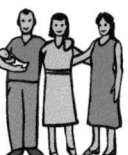

aunt

moster/faster

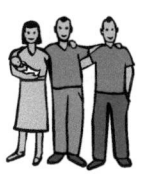

uncle

farbror/morbror

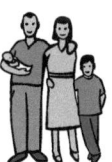

brother

bror

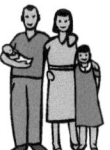

sister

syster

body
kropp

forehead
panna
eye
öga
shoulder
skuldra
finger
finger
face
ansikte
chin
haka
hand
hand
leg
ben
breast
bröst
arm
arm

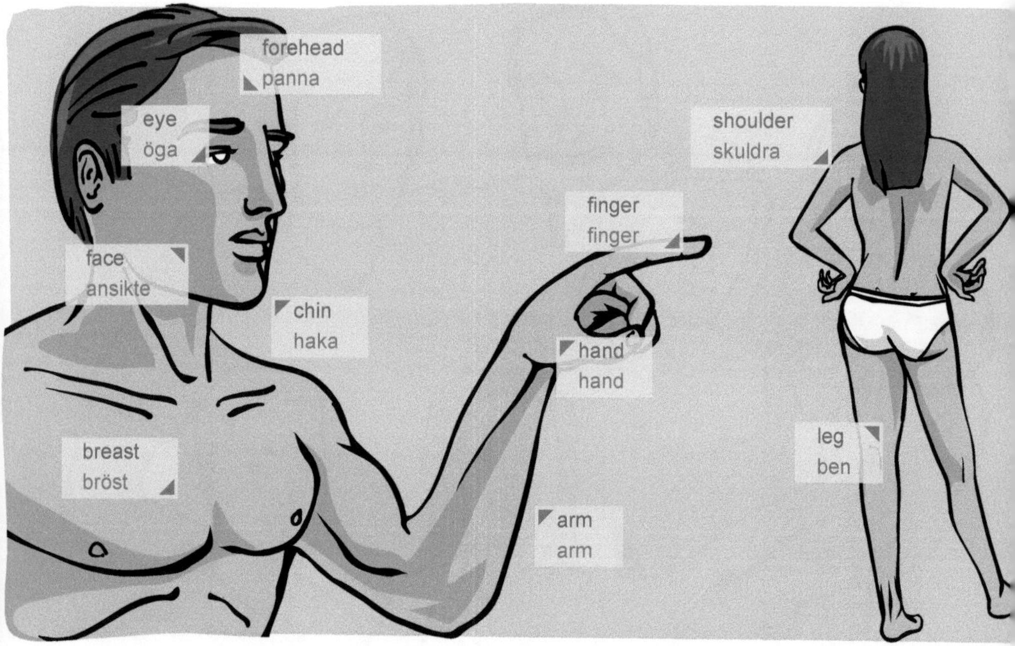

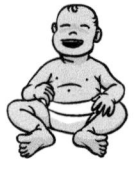

baby
baby

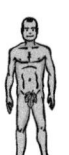

man
man

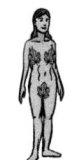

woman
kvinna

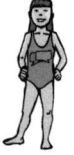

girl
flicka

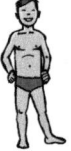

boy
pojke

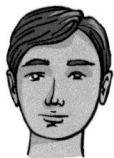

head
huvud

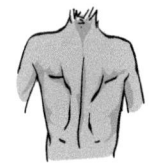

back
rygg

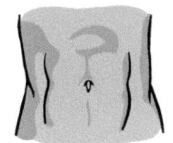

belly
mage

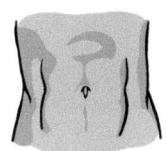

belly button
navel

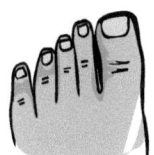

toe
tå

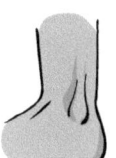

heel
häl

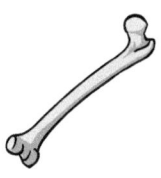

bone
ben

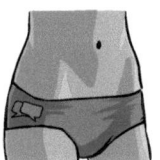

hip
höft

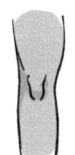

knee
knä

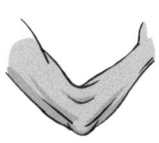

elbow
armbåge

nose
näsa

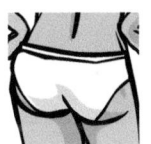

bottom
stjärt

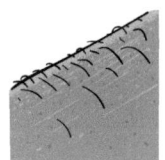

skin
hud

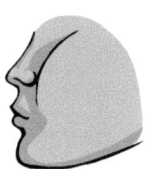

cheek
kind

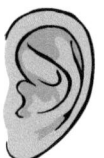

ear
öra

lip
läpp

body - kropp

mouth

mun

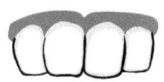

tooth

tand

tongue

tunga

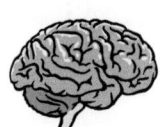

brain

hjärna

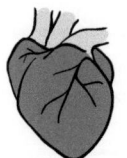

heart

hjärta

muscle

muskel

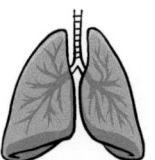

lung

lunga

liver

lever

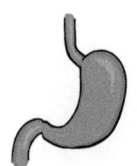

stomach

magsäck

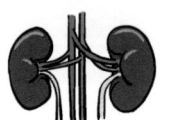

kidneys

njurar

sex

sex

condom

kondom

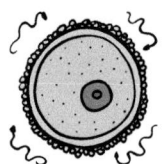

ovum

äggcell

semen

sperma

pregnancy

graviditet

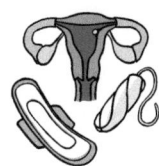

menstruation

menstruation

vagina

vagina

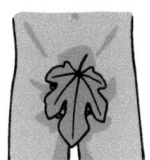

penis

penis

eyebrow

ögonbryn

hair

hår

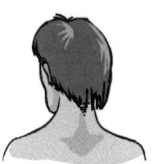

neck

nacke

hospital
sjukhus

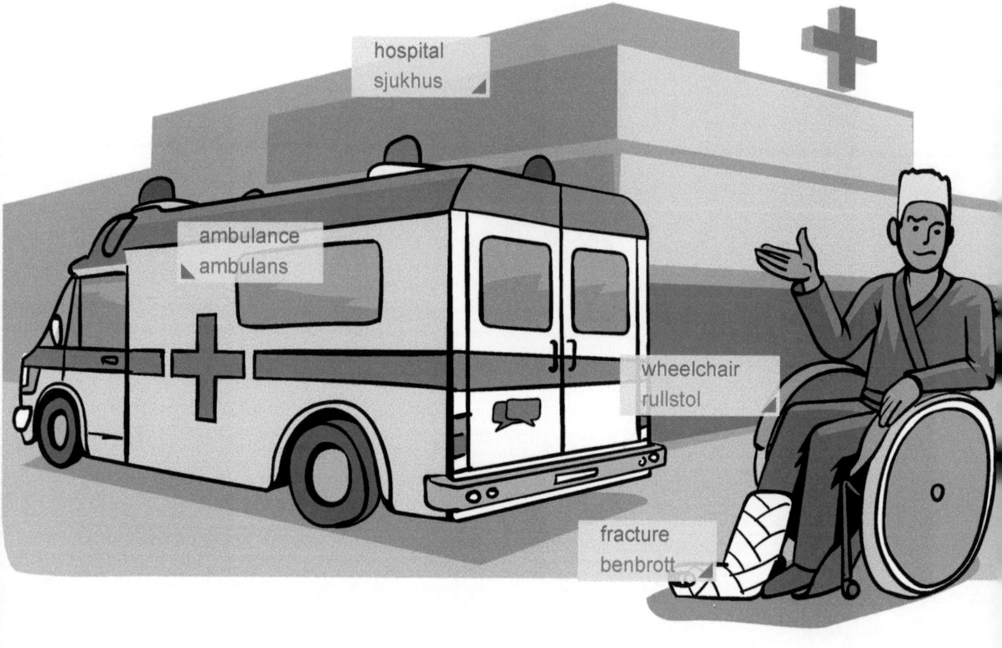

hospital
sjukhus
ambulance
ambulans
wheelchair
rullstol
fracture
benbrott

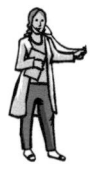

doctor

läkare

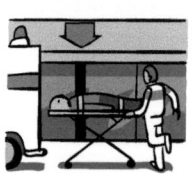

emergency room

akutmottagning

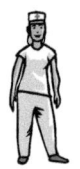

nurse

sjuksköterska

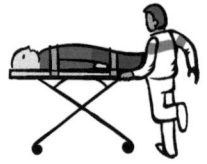

emergency

nödsituation

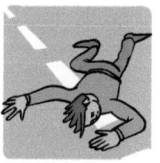

unconscious

medvetslös

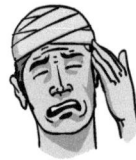

pain

smärta

injury

skada

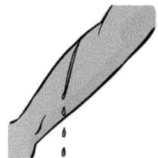

bleeding

blödning

heart attack

hjärtattack

stroke

slaganfall

allergy

allergi

cough

hosta

fever

feber

flu

influensa

diarrhoea

diarré

headache

huvudvärk

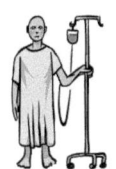

cancer

cancer

diabetes

diabetes

surgeon

kirurg

scalpel

skalpell

operation

operation

CT

CT

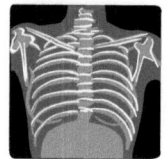

x-ray

röntgen

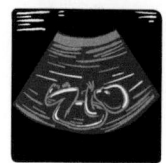

ultrasound

ultraljud

face mask

ansiktsmask

disease

sjukdom

waiting room

väntsal

crutch

krycka

plaster

plåster

bandage

bandage

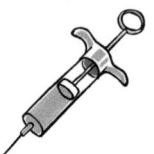

injection

injektion

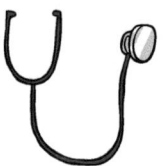

stethoscope

stetoskop

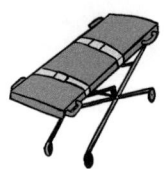

stretcher

bår

clinical thermometer

termometer

birth

födsel

overweight

övervikt

hospital - sjukhus

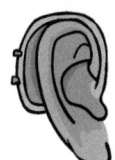

hearing aid

hörapparat

disinfectant

desinfektionsmedel

infection

infektion

virus

virus

HIV / AIDS

HIV / AIDS

medicine

medicin

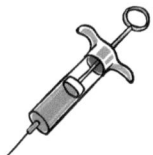

vaccination

vaccination

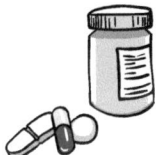

tablets

tabletter

pill

p-piller

emergency call

nödsamtal

blood pressure monitor

blodtrycksmätare

ill / healthy

sjuk / frisk

Help!	alarm	assault
Hjälp!	alarm	överfall

attack	danger	emergency exit
misshandel	fara	nödutgång

Fire!	fire extinguisher	accident
Det brinner!	brandsläckare	olycka

first-aid kit	SOS	police
förbandslåda	SOS	polis

Europe

Europa

North America

Nordamerika

South America

Sydamerika

Africa

Afrika

Asia

Asien

Australia

Australien

Atlantic

Atlanten

Pacific

Stilla Havet

Indian Ocean

Indiska Oceanen

Antarctic Ocean

Antarktiska Oceanen

Arctic Ocean

Arktiska Oceanen

North Pole

Nordpol

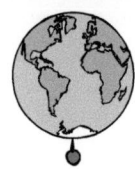

South Pole
Sydpol

Antarctica
Antarktis

Earth
Jorden

land
land

sea
hav

island
ö

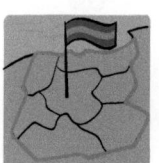

nation
nation

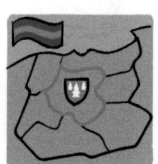

state
stat

clock face

urtavla

hour hand

timvisare

minute hand

minutvisare

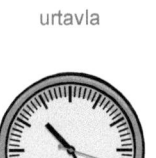

second hand

sekundvisare

What time is it?

Vad är klockan?

day

dag

time

tid

now

nu

digital watch

digital klocka

minute

minut

hour

timme

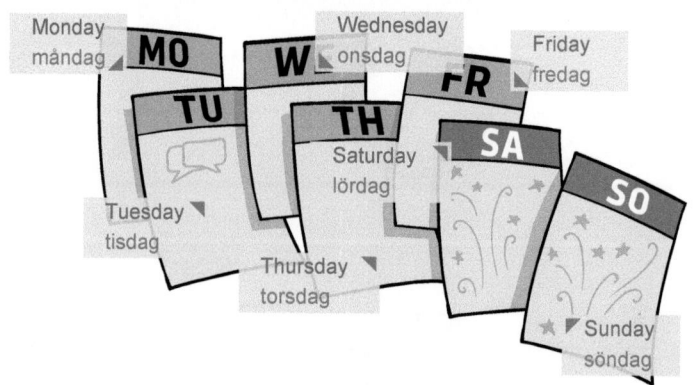

Monday — måndag
Wednesday — onsdag
Friday — fredag
Tuesday — tisdag
Saturday — lördag
Thursday — torsdag
Sunday — söndag

yesterday

igår

today

idag

tomorrow

imorgon

morning

morgon

noon

middag

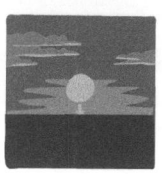

evening

kväll

business days

vardagar

weekend

helg

year
år

rain
regn
spring
vår
summer
sommar
wind
vind
autumn
höst
snow
snö
winter
vinter

4.APRIL 11°
5.APRIL 4°
6.APRIL 13°
7.APRIL 8°
8.APRIL 10°

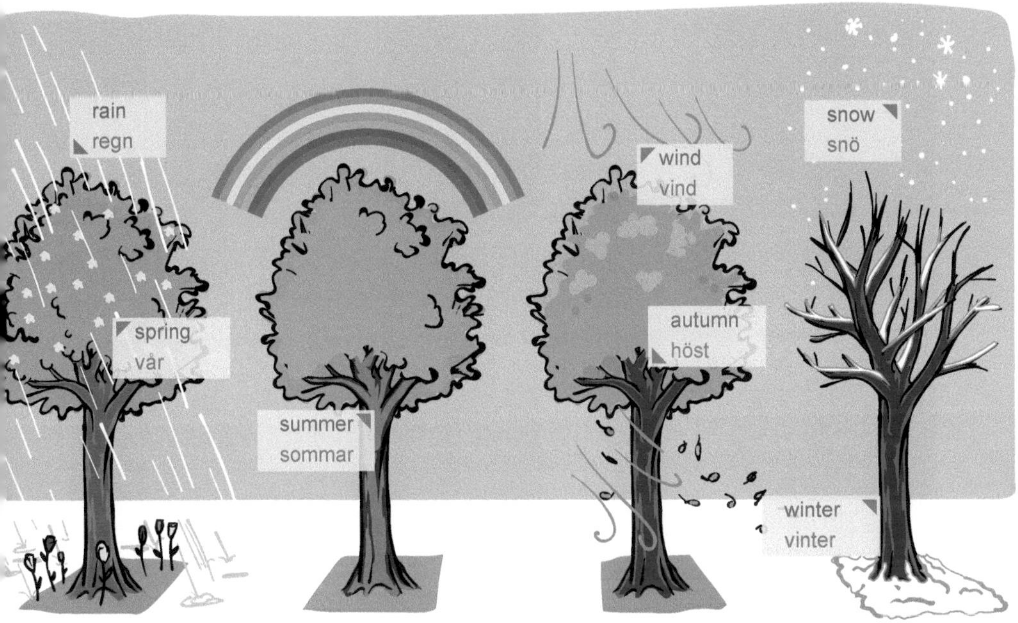

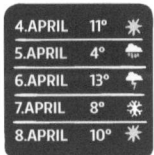

weather forecast

väderprognos

F C
120 40
90 30
60 20
30 10
0 0
-30 -10
-20

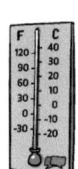

thermometer

termometer

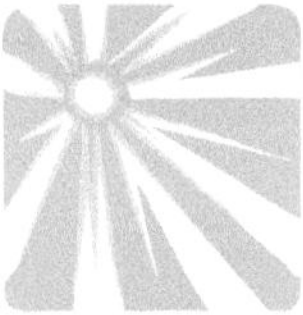

sunshine

solsken

cloud

moln

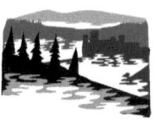

fog

dimma

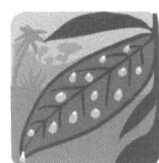

humidity

luftfuktighet

lightning

blixt

thunder

åska

storm

storm

hail

hagel

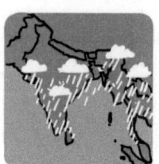

monsoon

monsun

flood

översvämning

ice

is

January

januari

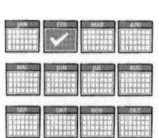

February

februari

March

mars

April

april

May

maj

June

juni

July

juli

August

augusti

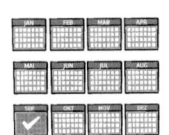

September
....
september

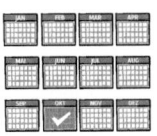

October
....
oktober

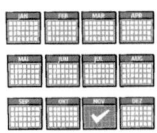

November
....
november

December
....
december

circle
....
cirkel

square
....
kvadrat

rectangle
....
rektangel

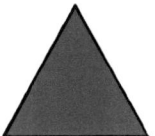

triangle
....
triangel

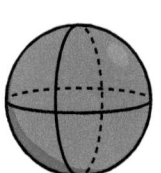

sphere
....
sfär

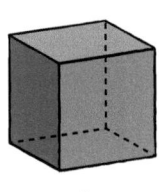

cube
....
kub

shapes - former

83

colours
färger

white
....
vit

yellow
....
gul

orange
....
orange

pink
....
rosa

red
....
röd

purple
....
lila

blue
....
blå

green
....
grön

brown
....
brun

grey
....
grå

black
....
svart

a lot / a little

mycket / lite

angry / calm

arg / lugn

beautiful / ugly

vacker / ful

beginning / end

början / slut

big / small

stor / liten

bright / dark

ljus / mörk

brother / sister

bror / syster

clean / dirty

ren / smutsig

complete / incomplete

komplett / ofullständig

day / night

dag / natt

dead / alive

död / levande

wide / narrow

bred / smal

edible / inedible

ätlig / oätlig

evil / kind

ond / god

excited / bored

upphetsad / uttråkad

fat / thin

tjock / smal

first / last

först / sist

friend / enemy

vän / fiende

full / empty

full / tom

hard / soft

hård / mjuk

heavy / light

tung / lätt

hunger / thirst

hunger / törst

ill / healthy

sjuk / frisk

illegal / legal

olaglig / laglig

intelligent / stupid

intelligent / dum

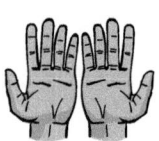

left / right

vänster / höger

near / far

nära / långt bort

new / used

ny / begagnad

nothing / something

inget / något

old / young

gammal / ung

on / off

på / av

open / closed

öppen / stängd

quiet / loud

tyst / högljudd

rich / poor

rik / fattig

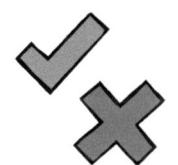

right / wrong

rätt / fel

rough / smooth

grov / slät

sad / happy

ledsen / glad

short / long

kort / lång

slow / fast

långsam / snabb

wet / dry

våt / torr

warm / cool

varm / sval

war / peace

krig / fred

0	**1**	**2**
zero	one	two
noll	ett	två

3	**4**	**5**
three	four	five
tre	fyra	fem

6	**7**	**8**
six	seven	eight
sex	sju	åtta

9	**10**	**11**
nine	ten	eleven
nio	tio	elva

12

twelve

tolv

13

thirteen

tretton

14

fourteen

fjorton

15

fifteen

femton

16

sixteen

sexton

17

seventeen

sjutton

18

eighteen

arton

19

nineteen

nitton

20

twenty

tjugo

100

hundred

hundra

1.000

thousand

tusen

1.000.000

million

miljon

numbers - siffror

English
engelska

American English
amerikansk engelska

Chinese Mandarin
kinesisk mandarin

Hindi
hindi

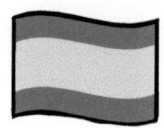

Spanish
spanska

French
franska

Arabic
arabiska

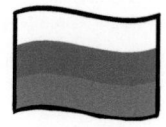

Russian
ryska

Portuguese
portugisiska

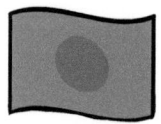

Bengali
bengali

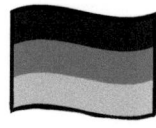

German
tyska

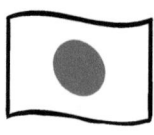

Japanese
japanska

I
jag

you
du

he / she / it
han / hon / den (det)

we
vi

you
ni

they
de

who?
vem?

what?
vad?

how?
hur?

where?
var?

when?
när?

name
namn

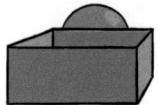

behind

bakom

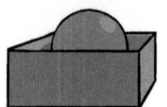

in

i

in front of

framför

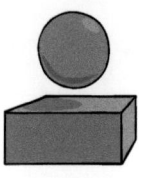

over

över

on

på

under

under

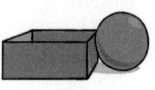

beside

bredvid

between

mellan

place

plats